COMPTE RENDU

A LA

CONVENTION NATIONALE,

Par le Représentant du Peuple,

ALBERT,

SUR LE DÉPARTEMENT DE L'AUBE;

Le 29 Ventôse, an 3 de la République Française, une & indivisible.

A TROYES,

De l'Imprimerie de S<small>AINTON</small>, Imprimeur du Departement de l'Aube.

An IIIe. de la République.

COMPTE RENDU

A LA CONVENTION NATIONALE,

Par le Représentant du Peuple ALBERT,

SUR LE DEPARTEMENT DE L'AUBE.

29 Ventôse, an 3ème. de la République Française, une et indivisible.

LE besoin de réparer les maux que le systême du dernier tyran a pu causer dans le département de l'Aube et de la Marne, le desir de faire enfin sentir les bienfaits de la révolution, vous ont déterminé à m'envoyer dans ces deux départemens. Depuis trois decades je suis dans le département de l'Aube; j'y ai fait ce que vos intentions m'ont paru exiger, et, avant de passer au département de la Marne, je crois devoir vous rendre compte de l'état du pays que je vais quitter.

La commune de Troyes est la commune centrale du département : elle est en population la seizième de la République : ses habitans sont commerçans ou artisans : toutes les autres communes du département sont agricoles.

J'ai parcouru les districts : par-tout j'ai trouvé un sincère amour pour la liberté et une confiance entière dans la Convention : c'est le premier département qui, en 1791, ait formé et envoyé un bataillon de volontaires, armés et équipés, aux frais des citoyens qui le composaient. Successivement il en a fourni à la République autant et plus même que sa population ne semblait le permettre, et c'est ce qui lui a valu une marque de satisfaction de la Convention nationale.

Nés sous une température douce, le caractère des citoyens du département de l'Aube se ressent de l'influence du climat. Aussi les bases précieuses de la révolution, l'égalité et la fraternité, leur sont-elles naturelles, et nulle part le nouvel ordre de choses ne semble-t-il mieux établi que dans le département de l'Aube. Vous devez bien présumer, citoyens collègues, que, si j'ai trouvé les esprits dans de si heureuses dispositions, ceux qui depuis deux ans ont tyrannisé leur patrie, n'ont pas beaucoup de partisans dans ce département. Dans les sociétés populaires, au spectacle, dans tous les lieux publics et dans les entretiens particuliers, on voue à l'exécration les gens de sang, et l'on attend le châtiment que méritent ceux qui, envoyés par le peuple et pour le peuple, ont failli causer la ruine de la République.

La commune de Troyes, comme toutes les grandes communes, a été terrorisée. Dans le tems où l'on voulait faire le procès aux villes populeuses, tandis que *Carrier* était à Nantes, Alexandre *Rousselin*, âgé de 22 ans, doué par conséquent *d'une grande expérience*, fut envoyé à Troyes par l'ancien comité de Salut public. Il a tout tenté pour porter les citoyens à la révolte. Arrivé le 26 brumaire de l'an deux, le 28 il enjoignit à l'accusateur-public de mettre la guillotine en permanence, et érigea le tribunal criminel en tribunal prévôtal (1). Voici copie littérale de l'ordre qu'il donna.

» Du 28 brumaire, 2ème. année républicaine.

---

(1) Jamais le tribunal n'a voulu en faire aucun acte.

» Le citoyen Sévestre, Accusateur public, voudra
» bien sur-le-champ *faire dresser une guillotine*
» sur la place ci-devant St. Pierre, dite la Li-
» berté, et me dénoncer aussitôt et à son Tri-
» bunal criminel provisoirement, le premier
» chef d'atroupement fanatique, sous prétexte
» de subsistances et autres choses, pour être
» jugé *prévôtalement* en premier et dernier res-
» sort. *Signé* A. ROUSSELIN, Commissaire-
» national-civil. »

Le même jour, il imposa révolutionnairement *dix-sept cents mille livres* sur des citoyens de tous états, se réservant de porter cette taxe aussi haut que tel serait son bon plaisir. Son arrêté porte : « celui qui, dans les vingt-quatre heures,
» n'aura pas obéi à la taxe, sera imposé à une
» somme double dans pareil délai; celui qui
» n'aura pas payé la somme double encourue par
» le délai, sera incarcéré provisoirement, pour
» être *jugé définitivement*. Le Comité révolution-
» naire se concertera avec le commandant de
» *l'armée révolutionnaire*, pour traduire les re-
» fusans, après leur incarcération, *à la Commis-
» sion révolutionnaire* qui va être incessamment
» organisée à Troyes, pour être après envoyé, sous
» bonne et *sauve* garde, au Tribunal révolu-
» tionnaire de Paris. »

Une taxe révolutionnaire sur des citoyens paisibles qui exécutaient les Loix, envoyaient volontairement leurs enfans au service de la Patrie, faisaient des dons patriotiques!.... les faire juger, en cas de refus, par une *Commission révolutionnaire*, et être après envoyé au Tribunal révolutionnaire de Paris!.... avoir une *armée* révolutionnaire dans la Commune la plus tranquille!.. Voila cependant, ancien Comité de

Salut-public, ce que vous avez voulu, ce que vous avez approuvé (1)!

Ces 1,700,000 livres ont été payées sans bruit. On a pillé l'argenterie des citoyens, enlevé leur argent monnoyé et ils n'ont rien dit. Rousselin, voyant que l'on ne s'exaspérait pas, tenta un autre moyen. Le   frimaire, un jour de dimanche, sans qu'on en fut prévenu, il fit fermer toutes les églises à l'instant de l'office, et transforma la ci-devant cathédrale en un lieu public de débauche et de dissolution ; ce moyen ne produisit encore rien. Rousselin enfin essaya si la cupidité opérerait ce que la taxe et la clôture des églises n'avaient pas faits. Il prêcha la désobéissance aux Loix, le despect pour les propriétés, la haine envers les riches, et le lendemain fit placarder, aux portes d'un certain nombre de citoyens, des écriteaux de proscription, portant *N. . . . ennemi, ou assassin du peuple*; cependant, malgré ses invitations fraternelles, on se contenta de gémir et on ne se livra à aucune sorte de pillage.

Les autoritées constituées furent changées : Rousselin remplaça les fonctionnaires que le peuple avait nommés et qui avaient sa confiance, par des gens aussi ineptes qu'immoraux.

Une Commission révolutionnaire fut instituée

---

(1) Cette taxe ne devait pas tourner au profit de la République ; car, lorsque les Sections firent leurs doléances, le Commissaire civil Rousselin et son Comité révolutionnaire avaient déjà disposé de 92,000 livres en dépenses, soi-disant *secrettes*. L'intention était d'occasionner un mouvement, afin d'en profiter, pour dire à la Convention qu'on avait appaisé une révolte, éteint une nouvelle Vendée ; mais qu'il avait fallu de l'argent ; et cet argent, dépensé secrettement, serait secrettement resté dans la poche du Commissaire et de ses acolytes.

par Rousselin, au milieu de la Société populaire; il en nomma les membres, le chef des jurés prêta serment sur-le-champ qu'il n'échapperait pas un accusé, et Rousselin désigna les victimes et même le lieu de leur supplice. Le Commissaire-civil avait eu la maladresse de choisir pour Président de cette Commission, un homme qui, sincèrement attaché à la révolution, n'a jamais voulu se prêter à aucun des actes qui pouvaient la déshonorer; il refusa de mettre cette Commission sanguinaire en activité, la dénonça au Comité de Salut-public, et obtint son abolition. Rousselin, honteux de cette contrariété, annonça à la société populaire que, si l'on avait pas la satisfaction de voir jouer la guillotine à Troyes, le Comité de Salut-public lui avait promis qu'il renverrait aux Troyens les têtes des suppliciés, dans des paniers.

Rousselin fit faire les arrestations les plus arbitraires. Le Comité révolutionnaire, à qui il avait donné le droit de despotiser tout le Département, le servait à souhait : ils allaient en mission dans les Districts, où ils donnaient à Rousselin la qualité de Réprésentant, et les incarcérations, qui n'étaient faites que pour mettre à prix la liberté, auraient fourni un nouveau genre de commerce, si des circonstances n'eussent dérangé des spéculations *aussi morales*.

La Loi sur le gouvernement révolutionnaire arriva à Troyes; les citoyens furent convoqués dans leurs sections pour en entendre la lecture, ils profitèrent de cette réunion, à l'effet de soumettre leurs réflexions à Rousselin sur les fonctionnaires qu'il avait destitués et leurs remplaçans. Rousselin qui, par sa proclamation, avait demandé ces renseignemens, taxa ces doléances de contre-révolutionnaires, envoya des affidés à

4 A

Paris, peignit la Commune de Troyes, au Comité de Salut-public, comme étant en révolte. *Barère, heureux en portrait de ce genre*, fit un narré, en mignature, à la Convention, et le Représentant Bô fut envoyé sur les lieux. Bô, descendit à deux heures dans la même auberge que Rousselin ; ils dinèrent ensemble : à trois heures il alla à la maison Commune et parla le même langage que ce dernier. Quarante-deux patriotes furent incarcérés pendant sept mois, soixante furent consignés, le tout pour avoir osé, dans leurs sections, douter de l'*infaillibilité du très-expérimenté Commissaire-civil*, et invité leurs concitoyens à lui présenter leurs doléances.

Un de ceux que les sections avaient déclaré n'avoir pas leur confiance, était Gachez, maire de Troyes ; le Peuple, en présence de Bô, persista dans ses déclarations ; Bô dit que la Commune n'était pas digne d'avoir un maire sans-culote et l'emmena à Paris, *où ses vertus* lui ont mérité huit ans de fers, par jugement du Tribunal criminel, du 21 brumaire dernier. Un autre, contre la nomination duquel on réclamait, était Rondot, Agent-national ; il est maintenant poursuivi par le Tribunal criminel, pour avoir brisé de très-précieux monumens d'arts, et s'être emparé, sans aucun pouvoir, sans compte, poids, désignation, ni procès-verbal, pour plus d'un million de diamans et antiques.

En prairial, les réclamations de l'Agent-national du District, celles des citoyens, furent si fortes contre Rousselin et ses collaborateurs, que le Comité de Salut-public, ne voulant pas prendre sur lui de les disculper, les envoya au Tribunal révolutionnaire ; mais comme ils n'avaient travaillé que dans le sens des gens d'alors, ils reçurent en messidor la couronne civique, et celui qui les avait dénoncé fut arrêté, audience tenante, comme calomniateur.

Heureusement, le 9 thermidor ayant rappellé la justice, depuis si long-tems bannie de la République, les citoyens du département de l'Aube, dans la ferme confiance qu'un second Rousselin ne reviendra plus les tyranniser, avaient oublié les maux qu'il leur a fait souffrir ; mais ce n'était pas assez que le fleuve révolutionnaire fut rentré dans son lit, il fallait encore déblayer les autorités constituées de certains membres qu'il y avait porté lors de son débordement.

Une de mes premières occupations a donc été d'examiner si ceux qui composaient les corps administratifs et judiciaires étaient en état de remplir leurs fonctions.

Deux membres seulement conduisaient l'administration du département, les autres étaient des artisans qui, n'ayant nulle aptitude, faisaient désirer leur remplacement. Les deux membres qui auraient pu être utiles, avaient démérité dans l'opinion publique, en sorte que, voulant organiser une administration, où les administrateurs soient appelés plus encore par la confiance que par la forme, je l'ai rechangée en entier, et le peuple a vu, avec un très-grand plaisir, des citoyens patriotes, probes et instruits, remplacer ceux que son vœu expulsait depuis long-tems.

Les mêmes raisons m'ont déterminé à faire des changemens dans l'administration du district de Troyes, et ceux qui y sont maintenant en place, réunissant les qualités nécessaires, font contraste avec ceux qui en sont sortis.

Quant à la municipalité, je l'ai en partie renouvelée, tant parce que j'ai cru devoir accorder la retraite à de bons citoyens, qui depuis la révolution n'ont cessé de remplir des fonctions pénibles, que parce que certains membres aimaient mieux la révolutiou pour eux, que pour leurs concitoyens.

Dans mon opinion, ainsi que dans celles des personnes dont je me suis entouré, les comités révolutionnaires nous paraissaient inutiles; mais la loi que vous avez rendu le 1ᵉʳ. ventôse n'existait pas, et j'ai cru devoir renouveler moitié de celui de Troyes; mais, la suppression étant arrivée avant que je me sois occupé de leur rénovation dans les districts, je n'y ai point touché, et ils s'éteindront le 30 ventôse.

J'ai eu peu de changemens à faire dans les administrations des districts. Dans les communes peu populeuses, les places ne sont pas assez lucratives pour mériter la peine de les intriguer. D'ailleurs, chacun se connaît, on a conservé encore assez de pudeur, pour ne pas se charger d'un emploi qu'on ne pourrait remplir; et, si mon confrère MAURE a voulu que des perruquiers soient juges, et des maréchaux-ferrants administrateurs, le comité de Salut public avait déjà rectifié cette méprise avant mon arrivée, et très-peu de choses me sont restées à faire, pour que la machine puisse actuellement aller au gré des administrés et de la Convention.

Une des choses dont il serait à propos que la Convention s'occupât, c'est de diminuer le nombre des municipalités des campagnes. Dans beaucoup de communes, il n'y a point de gens en état de remplir les fonctions de maire, d'agent, de municipaux et de secrétaire; les dégrés de parenté rendent encore le choix plus difficile, et souvent l'ignorance des citoyens qui occupent ces places, leur fait commettre des erreurs qui sont à la fois préjudiciables à la chose publique et à eux mêmes. S'il n'y avait qu'une municipalité par canton, on trouverait plus facilement des gens capables, on distrairait moins de personnes de leurs travaux, et les membres, qui composeraient les municipalités, étant pris dans différentes communes, n'apporteraient pas dans leurs opérations l'esprit de partialité, de haine et de vengeance, qui souvent dirige leurs délibérations.

A l'égard de la partie judiciaire, j'y ai fait peu de changemens. Le tribunal criminel du département est composé des mêmes membres qu'en 1791; il n'a jamais oublié, qu'institué pour venger les outrages faits à la sûreté des personnes et des propriétés, il ne devait être que l'instrument de la justice et non des factions. L'innocence, obligée d'y comparaître, s'en approche sans crainte, et les coupables, convaincus et condamnés, se retirent, sans oser se plaindre. Jamais aucun des jugemens, rendus par ce tribunal, n'a été infirmé. *Partie judiciaire.*

Dans les tribunaux civils des districts, j'ai trouvé, en général, des gens probes, dont les mains sont aussi pures que les consciences. On pourrait, à la rigueur, exiger de quelques membres plus de connoissance des loix; mais j'ai vu qu'ils n'en avaient pas moins la confiance des justiciables, qui les prennent pour arbitres dans leurs affaires, et j'ai pensé qu'on pouvait laisser juges, des hommes estimables, qui, très-souvent, étaient arbitres: d'ailleurs le nombre des procès diminuant, il y aura, probablement, un changement dans les tribunaux, et ce sera alors qu'on pourra être strict, sur le choix de ceux qu'on mettra en place. *Tribunaux civils.*

Dans tous les lieux où j'ai été, on désire que la Convention s'occupe promptement du code civil; à chaque contrat de mariage, on hésite sur les clauses qui doivent régler le sort des époux. La tranquillité des familles et de la société entière exige que bientôt on sache à quoi s'en tenir ; sur-tout on demande que les loix soient claires, et ne prêtent pas à diverses interprétations qui ameneraient dans la République un mode différent d'exécution ; la brièveté des loix en fait le mérite ; mais cependant il ne faut pas que trop de concision laisse des doutes et nécessite ensuite des explications, des commentaires, qui, toujours trop tardifs, annoncent qu'on n'a pas fait assez dans le principe, et jettent de la défaveur sur les législateurs.

Juges-de-paix. Une chose affligeante, c'est la manière dont généralement les places de juges-de-paix sont remplies. Quand on considère que leur maison est le temple de la concorde, que, chargés de concilier les citoyens qui sont prêts à entrer en procès, il faut des hommes assez instruits pour expliquer aux parties leurs droits, et assez persuasifs pour leur faire sacrifier à la paix leur cupidité, et quelquefois leur haine, on est étonné de ne trouver, dans la pluspart de ces fonctionnaires, que des gens absolument étrangers aux loix, et n'ayant aucun des moyens propres à remplir le but de leur institution. Jusqu'à présent on n'a pas encore senti combien le ministère de juge-de-paix est auguste. Qu'il est précieux celui qui le remplit dignement ! malheureusement il nous reste des vœux à former. J'ai, autant qu'il m'a été possible, mis en place des hommes, qui ne donneront pas de regrets sur ceux qui les ont précédé.

Instruction publique. La France n'aura véritablement des administrateurs, des juges éclairés, que quand l'éducation publique aura fait des hommes. Cette partie essentielle du gouvernement a été jusqu'à présent négligée, et c'est avec chagrin que je n'ai trouvé au collége de Troyes que douze écoliers, tandis qu'on en comptait trois à quatre cents en 1789 : cet éloignement a des causes différentes, qu'il importe plus de rectifier que de définir. Convaincu que l'organisation et les succès de l'éducation publique sont essentiellement liés au bonheur des peuples, que c'est par l'éducation, que l'on forme les hommes au travail et à la pratique des vertus civiques et domestiques, qu'on les attache à la patrie et à l'exécution religieuse des Lois, que c'est par l'éducation publique enfin que l'on perfectionne l'entendement humain, que l'on met à profit les bienfaits de la nature, et que, souvent même, on en réforme les erreurs, j'avais pensé que c'était un devoir sacré pour le législateur, de s'en occuper; en conséquence j'allais, en corrigeant la marche ridicule de l'enseignement ordinaire des colléges, établir des cours de Grammaire française et latine, de Physique, de Chimie, de Botanique, d'Histoire naturelle, d'Histoire tant ancienne que moderne, de Géographie, de Mathématiques, de Morale et de Dessin. Mon travail était déjà préparé, lorsque la Convention a rendu son Décret, du 8 Ventôse, sur l'instruction publique.

Ce Décret prouve que, si n'aguère on voulait anéantir toutes les connaissances humaines, vous voulez au contraire donner aux citoyens de tous les points de l'empire Français, les moyens de s'instruire, vous voulez éclairer la République, et réparer en peu de temps les pertes qu'elle a faites; cependant je vous dois quelques observations.

Vous allez élever une école centrale dans chaque département. Dans les villes extrême-

ment peuplées, telles que Paris, Lyon, Bordeaux, Marseille, Nantes, Toulouse, l'établissement, tel que vous l'avez décrété, est d'une facile exécution et atteindra son but ; mais, à l'exception de sept à huit départemens où se trouvent de grandes communes, les autres ne pourront pas fournir les sujets capables d'enseigner toutes les parties dont l'école centrale est composée ; d'un autre côté, il est des parties dont l'enseignement sera inutile ; car il n'y aura pas d'écoliers. La disette des subsistances, que l'on éprouve depuis trois ans, n'a plus permis que l'on tînt des pensions ; ensorte que les gens éloignés de l'endroit où sera l'école centrale ne pourront y envoyer leurs enfans, et l'établissement sera seulement pour les gens de la commune où l'école sera ouverte. Mais, abstraction faite du moment, je le répète, je vous croirais dans l'erreur, si vous pensiez qu'il y aura un assez grand nombre d'écoliers pour occuper un professeur de chaque partie. Je pense qu'il est des parties d'instruction, telles que.................
qui sont liées ensemble, de manière qu'un seul professeur pourrait se charger de plusieurs cours ; alors il réunirait plus d'écoliers ; vous économiseriez le nombre de professeurs, qui sont rares, pour ne pas dire impossibles à trouver, dans les sept-huitièmes des départemens, et il en coûterait moins.

Écoles primaires. J'ai eu des conférences avec le juri d'instruction nommé pour examiner, élire et surveiller les instituteurs et institutrices des *écoles primaires* ; ils m'ont exprimé leur peine de ne voir encore, que dans l'éloignement, les intentions de la Convention se remplir ; il ne se présente guère plus de sujets qu'il y a de places à donner, et les candidats sont tous les ci-devant maîtres-d'école, dont la majeure partie n'apportent pour recommandation que leur ignorance, leur pédantisme, et quelques-uns leur immoralité. Le nombre des instituteurs et institutrices est trop considérable pour les grandes communes ; le juri pense qu'on pourrait laisser au district à le fixer, de manière cependant qu'il n'ait que la faculté d'en diminuer le nombre, sans pouvoir l'augmenter au-delà du décret. Il se présente très-peu d'institutrices, néanmoins il est important que les filles apprennent à lire, écrire, compter, etc. ; et comme leur instruction serait suspendue, si on attendait que dans les campagnes sur-tout les places d'institutrices fussent remplies, le juri doit proposer au district, et le district ordonner aux instituteurs d'enseigner les deux sexes, ainsi que par le passé, jusqu'à ce qu'il y ait des institutrices, sauf à placer les garçons d'un côté de la classe, et les filles de l'autre.

J'invite mes collègues à faire attention qu'un établissement tel que celui des instituteurs et institutrices, qui coûtera soixante millions au moins à la République, mériterait cependant qu'il répondît à ce qu'on s'en est promis en le formant, et, s'il y a impossibilité, alors ne pourrait-on pas le rendre moins onéreux à la Nation ?

Je vous ai dit que j'avais parcouru les Districts du Département de l'Aube, mes courses m'ont fourni l'occasion de voir les forêts, et de prendre des renseignemens sur cette intéressante partie. Le département de l'Aube est un de ceux où les agens de l'administration forestière ont apporté le plus d'attention à la conservation des bois ; mais malgré leur surveillance, il est des communes qui ont nécessité les Districts et le Département à prendre des mesures vigoureuses, pour empêcher les dégradations et faire punir celles qu'elles

Forêts.

s'étaient permises. On s'étonne que, depuis qu'on fait des réformes, le régime des forêts n'ait éprouvé aucun changement ; cependant, non-seulement il en est susceptible, mais la chose publique est dans le plus grand danger à cet égard, si vous ne vous hâtez de prendre un parti.

En 1789, on se plaignait de la trop grande étendue des Baillages : alors l'étendue de la juridiction des Maîtrises était la même que celle des Baillages : en établissant des tribunaux de district, on a rapproché les justiciables de leurs juges ; mais il n'a pas été question des Maîtrises, en sorte qu'aujourd'hui les officiers des Maîtrises, appelés *Agens de l'administration forestière*, sont quelquefois éloignés de vingt et même trente lieues des bois qu'ils ont à surveiller ; par exemple, les agens de l'administration forestière de Sens, département de l'Yonne, ont l'administration et surveillance des bois de Bagneux et autres, situés dans le district de Bar-sur-Seine, à vingt-sept lieues de Sens : les agens de l'administration forestière de Chaumont, département de la Haute-Marne, ont de même des fonctions à exercer dans le département de l'Aube. Comment peut-on exiger qu'à une si grande distance, on puisse empêcher des dégradations et surveiller ? cela est impossible. L'abus appelle lui même la réforme : il vous en coûtera peu pour l'établir. En 1791 l'Assemblée constituante fit un travail sur les forêts, et décréta le mode de son administration. Tous ceux qui désirent sincérement la prospérité de la république, applaudirent à ce nouvel établissement; mais une chose empêcha de l'exécuter, c'est la dépense que ça aurait pu occasionner; on compta qu'il en coûterait deux millions pour en retirer huit ; on ne trouva pas assez d'économie dans le plan, et à regret on en suspendit *l'exécution*. La position n'est plus la même qu'en 1791 : les bois des émigrés et des condamnés font un objet très-conséquent ; peut-être même, en ce moment, la nation retire-t-elle quatre-vingt millions de ses forêts ; et si, pour deux ou trois millions, on trouve le moyen de parfaitement régir cette propriété nationale, il faut se hâter de faire exécuter le mode décrété par l'Assemblée constituante.

Je vous observerai encore qu'il est intéressant de surveiller l'exploitation des bois communaux. La Convention ne perdra sûrement pas de vue qu'il est instant plus que jamais de veiller à la conservation des forêts. Dès long-temps on a prévu que la disette de bois se ferait un jour sentir en France ; Colbert, dans ses mémoires, ne dissimulait pas ses craintes ; qu'à-t-on fait depuis pour en augmenter la quantité ? rien ; au contraire, on a défriché des forêts, on a permis des coupes extraordinaires, et les générations passées, celle actuelle, ont mérité les reproches des générations futures. Dans certains Départemens on suplée au défaut de bois, par le charbon de terre, la tourbe, etc. ; mais dans celui de l'Aube, comme dans beaucoup d'autres, on ne connait point cette ressource ; il faut donc conserver précieusement les forêts, et loin qu'on puisse les défricher, prendre des moyens pour mettre en bois ce qui en est susceptible La République est propriétaire de terrains arides, ne pourrait-on pas, au lieu de les vendre, ordonner qu'on les séme en bois ?

Quoique le Département de l'Aube soit arrôsé par deux grandes rivières, la Seine et l'Aube, tous les transports s'y font par terre ; parce qu'on n'a pas encore tenté de rendre ces

Navigation.

deux rivières navigables ; cependant la possibilité en est reconnue, et, si les projets que l'ingénieur est chargé de présenter sont adoptés, on en retirera un grand avantage, tant à cause des vins qu'on pourra faire descendre à Paris et en Normandie, que pour transporter des fers, de la pierre et autres choses nécessaires au commerce et à la consommation, dont les transports sont toujours et sur-tout en ce moment, très-difficiles et très-couteux.

Dégradation. Le dégel a causé beaucoup de dégâts aux moulins, usines et ponts qui se trouvent sur la Seine, l'Aube et autres rivières : je ne puis encore évaluer le tort qu'il en a pû résulter ; parce que les estimations ne me sont pas encore parvenues ; mais je prie la Convention, lorsqu'elle fera la distribution des dix millions destinés pour des secours, de vouloir bien se rappeler que le Département de l'Aube a souffert des glaces et des grandes eaux.

Grandes routes. J'aurais désiré trouver les routes en meilleur état : j'en ai témoigné mon mécontentement aux Administrations, et j'espère que sous peu elles seront réparées. Dans certains endroits les arbres plantés sur les routes sont placés trop près les uns des autres, les branches se touchent, et, l'air circulant avec peine, le chemin est beaucoup plus mauvais, là où les arbres sont serrés qu'où ils le sont moins. Il est des parties de routes où il n'y a point d'arbres ; je pense qu'il serait à propos qu'on en fît planter, parce que, d'un côté, ils serviraient de guides aux voyageurs dans le temps des neiges, et de l'autre ce sera une ressource, quand ils pourront être coupés. L'on peut voyager, sans aucune crainte d'être arrêté ; on n'entend parler d'aucun vol commis sur les routes, et, depuis que le tribunal criminel est en activité, il n'a point encore eu à punir ni vol, ni assassinat, commis sur des grands chemins.

Depuis six mois, on se plaint beaucoup des déserteurs; non seulement ils injurient et menacent les citoyens; mais ils se livrent au vol, même à l'assassinat; déjà le tribunal criminel en a condamné un certain nombre pour vol; quelques-uns qui avaient assassiné se sont sauvés, et trois sont en prison, accusés d'avoir tué deux personnes il y a huit jours. Si l'amour de la Liberté avait déterminé tous ces étrangers à quitter leur Patrie, pour venir en France, ils sauraient que la Liberté est fondée sur cette base : *de ne pas faire aux autres ce que nous ne voudrions pas qu'il nous fût fait*, et ils respecteraient les propriétés et les personnes; mais ce n'est pas la tyrannie et l'esclavage que la majeure partie ont voulu fuir; ils n'ont quitté leur pays que parce que leurs vices les y avaient rendu haïssables, et pour éviter des peines que peut-être leurs forfaits leur avait méritées; ils n'ont pas changé de cœur en changeant de Patrie, et, loin de nous applaudir d'avoir de tels hommes, nous aurons à regretter de les voir partager avec nous les fruits de notre révolution, si nous ne les rendons pas meilleurs en les utilisant. Il me semble qu'on devrait les réunir, afin de pouvoir les surveiller plus facilement, et qu'on pourrait les employer à des routes, des canaux, ou autres travaux de ce genre.

On ne se plaint pas des prisonniers de guerre.

J'ai tardé, jusqu'à présent, à vous entretenir de ce qui fait, depuis mon arrivée en ce département, l'objet de mes sollicitudes, je veux dire des subsistances. Les communes de la campagne sont plus ou moins fournies de grain, aucune

<small>Subsistances.</small>

n'a du superflu ; il en est qui n'ont pas pour attendre la récolte, mais au-moins sont-elles approvisionnées pour un mois ou deux ; la commune de Troyes n'est pas de même, moitié de ses habitans se procure du grain au loin ; mais l'autre moitié est nourrie par la municipalité, qui fait distribuer le pain tous les jours par section : malheureusement il n'y a point d'approvisionnement, il y a même impossiblité d'en faire en ce moment ; on vit au jour le jour avec une demi-livre de pain par personne, et ce pain, composé tout au plus d'un tiers en froment, est d'une très-mauvaise qualité; plusieurs fois on a vu réduire la ration à quatre onces et même à deux. Eh bien ! ce peuple, pour lequel Rousselin fit dresser la guillotine, n'a jamais donné la moindre marque de mécontentement, moins encore de révolte.

Une chose à remarquer, c'est que, tandis que Rousselin faisait mettre la guillotine en permanence et érigeait le tribunal criminel en tribunal prévôtal, pour condamner le premier chef d'attroupement, sous prétexte de subsistances, sa municipalité, son comité révolutionnaire, ne voulaient pas que qui que ce fût, pût s'approvisionner de grains ; la municipalité s'était alors emparée du droit exclusif de rationner les estomacs ; la ration se donnait plus ou moins forte, suivant qu'on voulait exaspérer le peuple (1) ; mais un propriétaire ne pouvait pas faire venir son grain pour sa consommation ; on ne voulait pas qu'un citoyen puisse acheter, dans un

_____

(1) Rousselin faisait afficher des proclamations où il disait que la disette, à Troyes, était factice et ne provenait que de la malveillance des riches : le malheureux ! qu'il dise si jamais on a trouvé chez un riche de quoi fournir le prétexte de cette calomnie ?

département voisin, de quoi alimenter sa maison, et, si quelqu'un clandestinement faisait venir quelques boisseaux de grain, on les lui saisissait : cette conduite n'était-elle pas faite pour révolter? et c'était sans doute dans cet espoir, qu'on avait mis la guillotine en permanence?

Les citoyens de la commune de Troyes, qui avaient vu si souvent faire des visites chez eux, pour leur enlever le grain qu'ils auraient pu avoir, ont craint de s'approvisionner, dans le temps où il eut été facile de le faire et sans qu'il leur en coûtât excessivement ; c'est pourquoi, dans le moment actuel, beaucoup sont obligés d'être à la charge de la municipalité. J'ai été à Nogent et à Arcys, presser le versement des réquisitions dont ces deux districts sont frappés pour la commune de Troyes. J'ai tout lieu d'espérer que ces réquisitions s'effectueront ; mais elles ne suffiront pas pour les besoins; et, si la Commission des approvisionnemens peut, quand il arrivera des grains de l'étranger, en faire remonter par eau jusqu'à Nogent-sur-Seine, au moins préserverait-on de la famine une commune qui, sous tous les rapports, mérite la bienveillance de la convention.

Pour copie conforme,

Signé ALBERT.

COPIE de la Lettre écrite par les Représentans du Peuple composant le Comité des Pétitions, Correspondance & Dépêches,

Au Citoyen ALBERT, *Représentant du Peuple, en mission dans les Départemens de l'Aube et de la Marne.*

Paris, le 4 Germinal, 3e. année républicaine.

IL nous est parvenu, Citoyen collègue, avec la lettre que vous avez envoyé à la Convention nationale, datée du 29 Ventôse, le compte que vous lui rendez de toutes vos opérations dans le département de l'Aube.

Il en a été donné connoissance aujourd'hui à la Convention nationale, qui en a ordonné l'insertion au bulletin, et le renvoi aux comités de sûreté générale, salut public, législation, instruction publique, d'agriculture et des arts, des travaux publics et des secours publics.

Salut et fraternité. *Signé* CHASTELAIN.

Pour copie conforme,
Signé ALBERT.

COPIE de la Lettre écrite par le Représentant du Peuple, ALBERT,

Aux citoyens Administrateurs du Département de l'Aube.

Chaalons, le 7 Germinal, an 3eme. de la République française, une et indivisible.

JE profite de l'occasion que m'offre un messager du conseil général de la commune de Troyes, pour vous envoyer copie du compte que j'ai rendu à la Convention nationale, de l'état de l'Aube, ainsi que de la lettre que la Convention m'a fait écrire en réponse ; c'est pour vous faire connaître ce qui vous intéresse le plus et vos administrés, que je vous dois et vous fais cette communication ; il importe sans doute que vous en fassiez part aux six districts, et que vous n'en laissiez rien ignorer à votre société populaire, que j'estime, parce que je l'ai trouvée bonne ; qu'enfin il faut que les bons citoyens s'éclairent et se soutiennent mutuellement.

Salut et fraternité.

Le Représentant du peuple,

Signé ALBERT.

Pour copies certifiées conformes, par le secrétaire-général du département de l'Aube,

PAVÉE.

www.ingramcontent.com/pod-product-compliance
Lightning Source LLC
Chambersburg PA
CBHW060555050426
42451CB00011B/1914